Prophète Divin Jean-Pierre KANTENGA

LA MYSTAGOGIE DE LA MORT

Prophète Divin Jean-Pierre KANTENGA

LA MYSTAGOGIE DE LA MORT

Préface de MASUDI Patient

Éditions Croix du Salut

Imprint

Any brand names and product names mentioned in this book are subject to trademark, brand or patent protection and are trademarks or registered trademarks of their respective holders. The use of brand names, product names, common names, trade names, product descriptions etc. even without a particular marking in this work is in no way to be construed to mean that such names may be regarded as unrestricted in respect of trademark and brand protection legislation and could thus be used by anyone.

Cover image: www.ingimage.com

Publisher:
Éditions Croix du Salut
is a trademark of
Dodo Books Indian Ocean Ltd. and OmniScriptum S.R.L publishing group

120 High Road, East Finchley, London, N2 9ED, United Kingdom
Str. Armeneasca 28/1, office 1, Chisinau MD-2012, Republic of Moldova, Europe
Printed at: see last page
ISBN: 978-620-6-17018-1

Prophète Divin Jean-Pierre KANTENGA

Mystagogie de la mort

Je dédie cet ouvrage à ma tendre épouse
Mary TUMBA KAYOMBO et au Ministère
International CHADASH.

Remerciements

Mes remerciements s'adressent d'abord à notre Seigneur Jésus-Christ, qui m'a inspiré cet ouvrage et m'a instantanément donné du temps pour sa rédaction.

Ensuite au Rabbin le Dr ASCHKENAZ KANTENGA qui m'a soutenu quand le diable faisait de son mieux pour m'empêcher de finir ce travail.

Et in fine, l'apôtre Ezéchias Muchapa Uhuru pour l'encouragement et au Révérend Pasteur Samuel YAV.

Préface

La plupart de gens se posent autant de questions au sujet de la mort. Quel sort pour les morts ? Que devient-on après la mort ? Y a-t-il une autre vie après la mort ?

Ce que nous savons tous, c'est que la mort est une réalité ; si nous ne l'avons jamais vécue, néanmoins, nous avons été témoins une ou plusieurs fois de la mort d'un proche ou de plusieurs personnes proche ou lointain. Mais ce qui arrive à l'homme mort reste un mystère pour nous les vivants.

Peut-être faut-il interroger un mort revenu à la vie pour qu'il nous relate un peu cet univers inconnu qui suscite en nous les vivants diverses interrogations. Parlant de ce qui vient après la mort, plusieurs opinions sont émises : certains pensent qu'il n'y a pas de vie dans l'au-delà ; tout s'arrête une fois qu'une personne meurt. D'autres disent qu'il y a une vie dans l'au-delà qui dépend forcement de notre conduite sur cette Terre des humains.

Mais pour trancher cette question énigmatique, il faut consulter celui qui a prononcé pour la première fois le concept de la mort. Il est le seul qui peut nous présenter la vraie vérité au sujet de la mort. En parcourant la Bible, ça se laisse voir tout de suite que c'est Dieu qui a utilisé ce concept en s'adressant à l'homme pour lui montrer ce qui adviendrait au cas où il désobéirait à son commandement.

La mystagogie de la mort est un bien précieux que vous détenez entre vos mains, ce livre va vous amener à démystifier la réalité sur la mort en vous présentant un récit se basant sur la Bible qui est l'unité de mesure de toute vérité pour vous éclairer sur la vérité de la mort, et ceci a une portée prophético-évangélique.

Berger E.A MASUDI Patient

Avant-Propos

Depuis la nuit de temps, avant que l'homme ne s'intéresse au sens du pourquoi et du comment ; la raison humaine a vacillé ça-et-là, tentant d'élucider le mystère d'une science à la subjectivité transcendante, ayant fait irruption dans l'histoire de l'humanité. Laissant derrière, Pleur, Peur, solitude, regret, rejet.

Dépouillant ainsi l'homme de toute évidence rationnelle, le faisant baigner dans un monde hétéroclite et Obscur qu'aucun vocabulaire du dictionnaire, même celui qu'aurais inventé des principes supérieurs et métaphysiques ne pourrait expliquer.

Etant ainsi devenu un défi et un principe inévitable qu'aucune vie végétale, animale ou humaine ne peut se dérober. La technologie a évolué. Elle a défié la loi de la gravité, en créant des machines capables de flotter dans l'air, elle a défié la loi de la lumière en conquérant l'obscurité par le soleil artificiel, sans compter les diverses sources lumineuses. Elle a défié la loi des périodes et des saisons, créant ainsi des appareils climatiques, elle a défié la loi de la distance en créant des appareils portables. Elle est allée loin jusqu'à défier l'homme naturel lui-même faisant de lui un être Transgenre (homme devenant femme et vice-versa).

Nonobstant, de toutes ces prouesses rocambolesques et chimériques, la technologie et la science humaine n'ont jamais été à la hauteur de défier deux principes ; le principe de la vie et de la mort. L'homme a tenté, depuis toujours, de défier le principe de la mort afin de s'emparer de l'immortalité, mais hélas toutes ses tentatives ont été vaines.

Ainsi, nous pouvons lire la déception de l'être le plus sage de la Terre, qui en dépit des richesses, de la sagesse monumentale et exorbitante, des femmes et des biens, qu'il possédait, mais au soir de sa vie tout s'éclate : « Je résolus en mon cœur de livrer ma chair au vin, tandis que mon cœur me conduirait avec sagesse, et de m'attacher à la folie jusqu'à ce que je visse ce qu'il est bon pour les fils de l'homme de faire sous les cieux pendant le nombre des jours de leur vie. J'exécutai de grands ouvrages : je me bâtis des maisons ; je me plantai des vignes ; je me fis des jardins et des vergers, et j'y plantai des arbres à fruit de toute espèce…Et j'ai dit en mon cœur : J'aurai le même sort que l'insensé ; pourquoi donc ai-je été plus sage ? Et j'ai dit en mon cœur que c'est encore là une vanité. Car la mémoire du sage n'est pas plus éternelle que celle de l'insensé, puisque déjà les jours qui suivent, tout est oublié. Eh quoi ! Le sage meurt aussi bien que l'insensé ! Et j'ai haï la vie, car ce qui se fait sous le soleil m'a déplu, car tout est vanité et poursuite du vent. » (Eccl. 2 :3-17).

Cette volonté ardente, née du profond désir d'une vie éternellement vécue, mais réduite au néant, à laisser place à un vide, qui plus tard va se métamorphoser en une question qui formera la plus grande curiosité de tous humains de tous les âges, et de toutes les cultures ; à savoir « Qu'est-ce que la mort ? »

Ainsi, plusieurs tentatives mythologiques ont été étayées, essayant de répondre par le plus grand du hasard à la fameuse question, afin de donner une explication rationnelle au mystère de la mort.

Aucune culture, d'ailleurs, n'est restée impécaminneux du point de vue illusoire sur les mystères qui gravitent autour de la mort. Mais notons que toutes ces tentatives ne sont qu'hypothétiques ; le seul récit ayant comblé la curiosité humaine, pour ceux bien sûr qui croient en sa notoriété ; c'est la Bible. De fait, par la Grâce du seigneur, ce livre, vous guidera à la lumière des écritures à élucider la fameuse question de la mystagogie de la mort.

La mystagogie, il peut vous sembler terme familier ou inconnu, mais nous allons le comprendre comme une introduction aux mystères, une compréhension d'une entité qui n'est pas du tout compréhensible dans une simple explication (compréhension paradoxale), ou qui suscite d'incompréhension aux connaissances presque erronées.

Plusieurs concepts, énoncés et réalités relèvent du discours mystérieux, du caché. C'est entre autres la vie, l'existence (corps), le spirituel (esprit), la mort... Nous nous lançons dans une aventure plutôt pas commode, qui peut vous faire peur, ou vous choquer à la fois : la mort. Nous serons donc en train de parler des mystères de la mort sous un angle de foi et d'esprit à la lumière des textes bibliques et d'expériences de foi en Dieu. Tout d'abord, qu'est-ce qu'il faut connaître ?

LE MYSTERE[1]

Mise à part toutes les littératures illustratives ou symboliques, nous allons aborder le mystère comme cette vérité qui est contenue dans une révélation. Parler du "mystère", nous mène à parler tout d'abord de quelqu'un qui a été au préalable éclairé.

---

[1] Toute chose relevant du réel ou du fictif a toujours un revers inconnu, peu connu, moins connu. Mais accéder à la connaissance ne demande qu'un grand effort spirituel, matériel, psychologique et qui peut faire objet de la foi, d'une considération dogmatique, mystique, mythologique. Cela en appel à une connaissance supérieure. La Bible dit qu'il n'y a rien de caché qui ne le reste sous le soleil, C'est-à-dire qu'il y a juste un effort de compréhension pour en dévoiler le sens et la signification

LE VOYAGE MYSTERIEUX : APPEL A UN ECLAIREUR

Le mystère est comme un monde voilé et éloigné. Il n'y a que ceux qui ont voyagé et parcouru ce monde-là qui sont capable de nous en relater les réalités. Mes frères, comprendre la parole de Dieu dépend de Dieu lui-même. Si l'on prêchait l'évangile et que le monde entier acceptait cet évangile, nous n'aurons qu'à confesser avoir péché, car Il ne s'est jamais fait ? Dieu dans sa façon de faire, fait grâce à qui, il veut et endurci qu'il veut. Puisque le soleil ne peut éclairer toute la Terre au même moment, quand les autres sont éclairés les uns sont dans les ténèbres. C'est pareil avec le salut. Tous ne sont pas appelés à être éclairés. Dans la création, la Terre était informe et vide et Dieu a pris seulement une portion de la Terre, il en donna la forme et souffla sur elle (Adam), pour que celle-ci ne soit pas informe et vide mais qu'elle possède la vie éternelle. Mais une grande partie de la Terre n'était pas tranchée. En Mésopotamie, cependant, Dieu fit sortir Abram pour un héritage.

Dans le monde, n'y avait-il pas des centaines de millions si pas des milliards constituant des peuples, cependant le Seigneur s'est choisi Israël comme son peuple ? De même aujourd'hui, le monde estimé à plus de 7 milliards d'habitants, comptez le nombre des chrétiens et surtout que parmi tous ceux qui sont véritablement chrétiens vous constatez que c'est la même chose, le nombre est insignifiant par rapport aux croyants. Donc nous voulons tous simplement vous dire que si vous arrivez à comprendre ce message, c'est par ce que vous êtes des élus et que la capacité vous sont données par le Seigneur lui-même. Remarquez dans le livre de Daniel 2 : 1-4 Dieu montre au roi Nebucadnetsar une vision dans son sommeil qui était capital pour l'évolution de l'humanité, un songe eschatologique, mais se réveillant dans le monde physique : il n'y a pas de nuit ni de jour dans un sommeil, car tout est mélangé, il n'y a même pas la notion de temps, on a la conscience, mais pas en relation avec le physique, vous voyez le physique alors que vous êtes dans un autre état. Mais remarquez que c'est dans le songe que le roi voit toutes ces merveilles eschatologiques qu'il oublia dans la réalité. Vous me direz qu'il a fait exprès, mais c'est écrit, or comme on l'a écrit, donc il y a un mystère qui se cache ; que ça soit oublié volontairement ou pas. Le roi avait tout perdu dans la réalité, à la place de la joie, la paix, c'était le trouble, la peur pour retrouver la paix. Il faut que quelqu'un lui rappelle ce qu'il a oublié et l'interprète.

Ecoute, cela nous est arrivé à nous tous parce qu'avant de venir dans le monde physique, nous étions dans un autre monde (sommeil) où la notion de temps n'existait pas (il n'y a pas de nuit ni de jour), ou Dieu nous révélait et nous montrait les merveilles que nous avions perdu dans le monde physique. L'autre monde, c'est l'éternité ou il n'y a pas de notion de temps, où nous étions avec le Seigneur nous révélant des merveilles, et arrivant dans ce monde (le jardin d'Eden), nous avons perdu notre joie et nos révélations, nous sommes entrés dans le monde de confusion et nous avons oublié la parole de l'éternité, la révélation. Le trouble, la peur, le désespoir nous ont envahis et nous cherchions celui qui devait nous rappeler ce que nous avions perdu. Les magiciens, les chaldéens, les sages de ce monde n'étaient pas capables de donner une explication au roi et il ordonna de les tuer. Remarquez ici que le manque de la révélation a signé l'arrêt de mort de ces gens, si dans nos églises nous manquons les songes. Et ses explications, c'est notre arrêt de mort comme le disent les écritures, un peuple sans révélation est sans freins (Proverbes 29 : 18). Et elles déclarent encore : « *mon peuple périt par manque de connaissance* » (Osée 4 :6).

C'est pour cette raison qu'un prédicateur avant que de l'être, doit au préalable précéder son auditoire par la lecture minutieuse de la Bible parce que la Bible est comme ayant des quartiers, des avenues, des communes... Il lui faudrait être éclairé avant d'éclairer, d'annoncer, comme la parole le dit « *Ta parole est une lampe à mes pieds et une lumière sur mon sentier* » (Psaumes 119 : 105).

C'est donc à la lumière de la Bible que nous allons marcher, et non pas avec nos connaissances personnelles ou de l'influence du monde. Cette expérience nous vaut la délivrance, car c'est cette parole qui sauve et cette même parole qui est la vérité. L'apôtre Paul pouvait dire cela dans 1 Cor. 14 : 6 : parler par connaissance, par révélation, par prophétie et doctrine. Voilà les 4 grandes étapes spirituelles de cheminement quotidien, par rapport à l'interprétation de la parole de Dieu, qui n'est pas une propriété privée d'une famille ou d'un seul ministère.

Dans Ezéchiel 47 : 1-5 ; l'eau arrive au niveau des chevilles d'Ezéchiel, ses genoux, ses reins et à ces instants il ne pouvait que nager. Et le Seigneur, dans sa nature divine, a donné à chacun sa propre façon de marcher à la lumière de sa parole, mais sur un même chemin : Jésus-Christ. Seule la soif de le connaître plus nous permettra d'atteindre l'objectif. Comme Ezéchiel nous rend en image ; plus il avançait, plus l'eau montait. Pour dire plus on désire connaître plus la soif devient grande. La plupart de gens pense que la mort est une malédiction, une punition de Dieu. Et les autres pensent que c'est la sorcellerie qui en est la source, pour ainsi aller plus loin.

UN QUESTIONNEMENT SUR LA MORT[2] :

La mort a de lointaines origines et pour la première fois dans la Bible, nous retrouvons dans le livre de Genèse qui ne l'illustre pas vraiment la mort. (Genèse 2 : 17) C'est donc une promesse faite "tu mourras...", cela ne vient pas de la bouche de l'homme, mais l'Eternel lui-même. Un peu étonnant ! Il figure dans ce passage le caractère de Dieu : L'omniprésent ; lui qui est partout, l'omnipotent ; qui est tout-puissant enfin l'omniscient ; celui qui sait tout. Revenons à ce passage : " Le jour où tu en (du fruit de l'arbre de connaissance du bien et du mal) mangeras, tu mourras". La mort est, comme nous tirons de cette lecture, fruit de la désobéissance à la parole (comme la première origine de la mort). L'Eternel ne se trompe pas et pour preuve « il n'est pas un homme pour mentir ni le fils d'homme pour se repentir ». Ce qu'il dit arrive toujours. La gloire Lui soit rendue ! Mais qu'est-ce qui veut dire mourir ?

---

[2] Ce sujet peut sembler trop délicat ou plutôt incommode mais vaut sa peine d'être élucidé à la lumière des écritures. Il apparaît plusieurs fois dans la Bible sous forme abstraite, symbolique ou réel mais son caractère révèle la disparition, la perte, l'inexistence, l'oubli et même la perte de tout sens matériel et même spirituelle. Son synonyme, surtout pour le verbe est rendre l'âme qui renvoie à l'expiation du souffle existentiel.

La mort et sa double dimension

Par commune mesure, nous serions appelées à parler de la création du premier homme, Adam ; à qui l'Eternel a révélé cette parole, puis qu'il s'agit de lui que cette phrase a été adressé.

Lors de la création, nous renseigne la Bible "La Terre était inhabitable, informe et vide (Genèse 1 : 2) et même les ténèbres couvraient la surface de l'abîme ! Aucune semence n'était là, aucune plante n'avait ses racines tirées delà. Un chaos total régnait, mais la gloire soit rendue à son nom du fait que son Esprit mouvait au-dessus des eaux. Ainsi, la vie est causée par la mouvance de l'esprit et à la création cela fut rendu possible. C'est dans cette ambiance, que le premier homme, Adam fut créé. En d'autres termes, la création d'Adam est le résultat de la mouvance de l'Esprit du Seigneur et sans oublier les autres créatures. C'est ainsi parce qu'il mouvait et qu'il pouvait constater le chaos. Le récit poursuit que Dieu forma l'homme de la poussière de la Terre, il souffla dans ses narines un souffle de vie et l'homme devint un être vivant. (Genèse 2 : 7).

En faisant un constat à ce niveau, vous remarquerez avec nous une chose, dans Genèse 1 : 26, que l'Eternel Dieu dit : "faisons l'homme à notre image et notre ressemblance qu'il domine..." Et le chapitre deuxième continue. La vie de l'homme est le résultat de la Terre, dimension physique, et L'autre dimension est celle de l'Esprit. Sont là les deux dimensions qui vont nous aider à appréhender l'être humain.

Partons d'abord de l'esprit comme la première dimension de l'homme : l'homme spirituel, c'est celui qui s'incarne du dedans. Le souffle en constituerait un élément clé. C'est donc l'être intérieur, l'homme-esprit.

Et la seconde dimension n'est d'autre que la dimension matérielle. Le corps physique fait de poussières, ou dimension existentielle, celle qui fait qu'il soit présent.

LA MORT, UN QUESTIONNEMENT A DOUBLE ETAPE

Pourquoi ces deux étapes de la création dans Genèse 1 et 2 ? Est-ce un hasard ?

2 Timothée 3 : 16 dit que toute écriture est inspirée de Dieu. Cela nous mène à ne pas négliger un point de la parole. Nous avons l'obligeance de ne pas exclure un point de la Bible. Il n'existe pas une encyclopédie pour interpréter le discours de Dieu, il n'y a d'ailleurs aucun dictionnaire qui puisse dire mieux cette interprétation.

Revenons à Adam et Eve qui se sont dérobé et ont mangé le fruit interdit, curieusement, ils ne sont pas morts dans l'immédiat, comme il semblerait l'être. Sa mort physique n'est intervenue qu'à 930 ans. (Genèse 5 : 5).

IDENTITE DE LA MORT PHYSIQUE : UNE DETTE DE DIEU ?

De quelle mort l'Eternel parlait-il ? Réfléchissons si tous les hommes ne pouvaient pas emprunter le chemin de la mort est-ce que notre génération pouvait avoir la place ou mettre ses pas ? Pouvait-elle (génération) avoir aussi la chance d'avoir une place sur la Terre ou un endroit ou poser ses pieds ? Ainsi l'Eternel Dieu a emprunté à la Terre une portion de sa partie pour former l'homme. C'est ainsi qu'il allait payer la dette de la Terre. Parce Dieu paye mieux que les hommes. Il n'est jamais resté avec la dette de quelqu'un. Voilà pourquoi la seule façon qu'il fallait s'acquitter avec la Terre, c'est pour remettre le corps d'où il a été tiré. (De la Terre l'homme est tiré, de la Terre, il retournera). Job 34 : 15, Eccl. 3 : 20, Ps. 146 :3-4

La mort spirituelle

Il est écrit que l'homme et la femme étaient tous deux nus et ils n'en avaient pas honte. En continuant la lecture de Genèse, vous comprendrez qu'ils n'étaient pas vraiment nus, ils étaient couverts des vêtements spirituels qui sont la présence de Dieu, l'obéissance à la parole de Dieu. Le jour où ils ont désobéi, ils ont transgressé la parole de Dieu, ils comprirent enfin qu'ils étaient nus. C'était donc l'obéissance de la loi qui couvrait leur nudité.

La loi est le nouveau vêtement que Dieu a donné pour se racheter de cette nudité. Il a à plusieurs reprises manifesté son amour pour nous ramener dans sa parole, nous délivrer de la honte, c'est-à-dire de la mort spirituelle. Il nous présente enfin, à travers, que le Christ est la solution. Dans Apocalypse, nous pouvons lire que nous sommes encore morts sans Christ, lui qui est la vie. (Ap. 3 : 17 - 17).

Le Seigneur nous ouvre à la compréhension de la nudité, c'est-à-dire à la mort spirituelle. Ainsi, le port des vêtements physiques de n'importe quelle valeur, quelle couture, quelle matière, ne nous rassure d'ôter la nudité spirituelle. C'est sûr que si vous n'avez pas Jésus, qui seul peut vous donnez des vêtements, vous êtes toujours nu spirituellement. La véritable honte, c'est le manque de la connaissance de la loi de Dieu. Tout celui qui n'a pas la parole de Dieu est nu, la nudité, par extension qui est la nature pécheresse.

• Le symbolisme d'égarement face à la puissance de la parole

Revenons toujours à notre récit de la création, le serpent fait tout pour que l'homme soit toujours en dehors de la loi de Dieu et ce serpent dont nous faisons allusion, c'est le diable comme nous le dit Apocalypse 12 : 7. La symbolique du serpent nous renvoie toujours au diable, à Satan et ou ses démons.

Ne passons pas rapidement ici, car il y a quelque chose que nous devons comprendre : cela est que le diable, voulant s'attaquer à l'homme, ne s'était pas intéressé ni aux arbres, ni à la richesse (tout ce qui était sur Terre était sous sa domination.), que possédait l'homme, mais plutôt à l'enseignement, à ce qui est dit ou écrit.

Il met Adam au défi de ce qu'il aurait entendu de Dieu. Nous découvrirons alors que le diable a plus peur de la parole de Dieu (Comme dans le récit de Matthieu). En effet, l'extrait de Matthieu, mettant Jésus en scène dans le désert, est une nouvelle symbolique de la nouvelle création, Jean, en prélude de son évangile nous réoriente à la nouvelle création dans Christ, qui, pour Paul est le Nouvel Adam. C'est à travers la tentation présentée par les évangélistes que nous comprenons que le diable, qui peut aussi interpréter les paroles selon lui. Le diable est moins fort, il est anéanti par la parole de Dieu.

Vous pouvez prier des centaines par jours ou des milliers des jours si vous ne vous respectez pas ou ne vous intéressez pas à la parole de Dieu, le diable vous laissera tranquille, sachant que vous perdez votre temps inutilement. Cela parce que, c'est par la parole que le Seigneur sauve son église. "Si vous ne demeurez pas dans mes commandements, vous ne pouvez avoir la vie éternelle." Jean 15 : 7.

Pour simple illustration, Israël priait et continuait à prier, mais n'ayant pas la révélation de la parole de Dieu. Nous savons qu'il n'aura le salut que jusqu'au jour où il recevra la connaissance de l'évangile.

L'EGLISE ET LA PAROLE

Nous sommes invités à beaucoup plus protéger la parole de Dieu, et bien sûr ne pas négliger la prière qui en est un élément important. L'objectif est simplement, que nous ne puissions pas être attachés à nos ministères mais à toute l'église au sens généraliste, appelé à accepter la totalité de l'évangile. Par exemple nous dire que nous, sommes seulement du ministère de la délivrance ou de la prière ou bien, nous sommes du ministère des couples ou de tel autre. Nous devons ainsi comprendre une chose ; pour que l'église soit solide et forte devant le diable et ses tentations, elle doit accepter l'entièreté de l'enseignement de la Parole de Dieu, elle doit demeurer continuellement dans la Parole.

L'HOMME NU

Dans ce chapitre, nous revenons à la Genèse, l'homme se retrouvant nu, a cherché un moyen de se couvrir selon sa propre pensée. Dieu a créé l'homme avec des besoins parmi lesquels de vouloir se vêtir, se couvrir et de sentir un vide quand il se retrouve nu sans les vêtements. C'est pour cela qu'il se fabriqua, au temps adamique, au moyen des feuilles de figuier des ceintures pour se cacher de sa nudité.

Nous ne devons ne pas ignorer que la ceinture est signe de vérité, comme le dit Paul dans Ephésien 6 : 14. L'homme, pour couvrir sa nudité, s'est fait beaucoup de ceintures, plusieurs vérités qui ne sont malencontreusement pas capables de cacher la honte. C'est pour cela que nous avons vu après la chute de l'homme plusieurs coutumes, cultures, enseignements, supposés être des vérités.

La visite de Dieu dans le jardin n'avait plus de signification à l'homme. Posant, ainsi le regard sur l'humilité de l'homme, qui était déjà couvert de honte et devant la voix du soir ; Il dit qu'il se cachait parce qu'il se voyait nu. L'état dans lequel se trouve chaque être, homme et femme avant de recevoir la nouvelle naissance est semblable à cette attitude d'Adam, l'attitude de la désobéissance, l'attitude pécheresse, "il est nu". Cette attitude qui détournait toute sa pensée vers le mal, à l'encontre de c'est que veut le Seigneur.

Au travers cette forme de mort l'homme s'écarte de Dieu, il est loin du palais de Dieu et là, il paraît comme une créature perdue et pour lui vaut mieux qu'il n'existe ou ne soit né (pour ne considérer que Judas dans sa peau).

La mort spirituelle est trop dangereuse ; l'homme qui s'habille très bien, qui conduit dans des belles voitures et dans des maisons des comptes en banque alors qu'il n'est pas dans une parfaite relation avec son Dieu, son créateur est un mort ambulant. C'est aussi une forme de sabotage auprès de celui qui l'a créé, c'est pour cette cause que la Bible dit ; « Mais celui qui pêche contre moi nuit à son âme ; tous ceux qui me haïssent aiment la mort » (Proverbe 8 : 36). À ce niveau, Elohim lui-même est en train de parler.

LE DIEU NE CONNAIT LA MORT

Un simple fait de tourner la pensée en dehors de la volonté de Dieu, c'est le haïr. Par conséquent tout celui qui le hait creuse sa propre tombe. On ne peut en aucun jour parler en mal contre l'Eternel, quelles que soient nos conditions des vies ou circonstances, ne jurons pas d'avoir tourné le dos contre Dieu, Il est le Roi des cieux même sans nous, Il est Dieu et le restera.

Essaie 6 : 1, précise que Dieu vit et vivra éternellement : « l'année de la mort du roi Osias, je vis le Seigneur assis sur un trône très élevé et les pans de sa robe remplissaient le temple ». Le roi de la Terre est mort mais le Roi de cieux est assis sur son trône.

Nous voulons préciser à travers ce détour, que le roi Osias avant d'être au trône, il a trouvé Dieu Eternel assis sur son trône depuis les temps anciens, avant même la création. Car Dieu a dit : « je suis celui qui suit », d'éternité en éternité. C'est ainsi que tous les hommes forts de la Terre passeront un jour. Ce n'est pas parce que tu as rencontré une déception dans la vie, que tu dois l'abandonner, ou que tu as perdu un mari ou une femme, que cela n'est rien, ou les enfants, ou encore tes relations, ton travail ou les parents... tant qu'on n'est pas encore mort physiquement, n'essayez pas de mourir spirituellement. Car tout ce que l'homme obtient de la Terre finira un jour par rester puisque la Terre est comme un aimant, qui attire toujours des choses qui lui appartiennent. Voilà pourquoi il vaut mieux accepter tout perdre, mais jamais perdre la relation avec le Seigneur Jésus-Christ, Lui seul te suffit.

Vivre avec Christ, c'est être et rester vivant si bien que l'on peut enterrer le corps physique et mériter mieux la vie éternelle. Nous sommes venus dans ce monde pour prouver notre sens d'appartenance à Lui. Puisqu'avant d'être venus sur cette Terre, nous étions dans l'éternité passée, invisible et inconsciente. C'est à travers Jérémie que nous possédons cette connaissance. Il est dit (Jérémie 1 : 5) : "avant que je t'eusse formé dans le ventre de ta mère, je te connaissais, et avant que tu fusses sorti de son sein, je t'avais consacré, je t'avais établi prophète des nations". Cela explique que, avant que les parents de Jérémie, et bien sûr de chacun de nous, ne se croissent, Dieu le connaissait et avait déjà un projet pour lui (nous). La vie est résumée dans l'obéissance à la voix du Seigneur. C'est là qu'il y a la supériorité car la parole déclare : « Si tu obéis à la voix de l'Eternel ton Dieu, en observant et en mettant en pratique... » (Deut. 28 : 1).

La mort spirituelle

Domination : présence de Dieu ?

Revenons sur la pensée de la création de l'homme. Dieu dit : « faisons l'homme à notre image et à notre ressemblance. Qu'il domine sur bétail, toute la Terre, reptiles, oiseaux bref sur tous les animaux » (Genèse 1 : 26). C'est quoi cette forme de domination sur les animaux et sur toute autre créature ?

La domination en-soi peut se comprendre, dans notre contexte, comme le fait de prendre de l'autorité sur une chose. C'est cette domination que l'homme a reçu sur les créatures, les animaux féroces... tous devraient lui obéir. Pour Cela, les catastrophes naturelles, elles aussi ne devraient aucunement le tuer.

La domination, en effet, n'est pas l'effet de prendre autorité sur les hommes ni sur les choses du monde, mais la vraie domination, c'est l'effet d'avoir accès à la gloire du Seigneur comme la Bible nous dit dans Psaumes 8 : 5 - 6 : « ...Tu l'as fait dominer sur les œuvres de tes mains ; tu as mis toutes choses sous ses pieds ». Signifions que, la domination est un principe d'être dans la présence du Seigneur ; cette dernière est comme une tunique, qui couvre et cache la nudité.

La domination, c'est l'accès au trône de Dieu et à sa gloire. Ainsi Adam, dans son état initial, avait cet accès facile de parler avec Dieu, d'avoir le monopole d'être dieu au-devant des autres créatures. Car dans la nature de Dieu, un homme ne doit pas dominer un autre homme. Le plan merveilleux de Dieu pour l'humanité, c'est que les hommes se sentent eux tous frères quand ils sont dans sa présence ; pas des bishops, des révérends, des éminents, des Papes et archi-bishops comme dit les Ecritures Saintes. (Galates 3 : 28)

Accepte d'être un homme qui n'est pas reconnu dans le monde, mais aies accès à son trône car c'est à son trône, là où il y a ta domination.

Le roi Nabucatnesar, dans le livre de Daniel 6, pensait avoir la domination sur Daniel à cause de sa royauté. Il avait oublié que Daniel avait la véritable domination sur lui, parce qu'il fréquentait le trône de l'Éternel à tout moment.

Quand lui se prosternait devant une statue, Daniel lui ouvrait la fenêtre de sa maison pour faire appel à son Dieu. Finalement Daniel est jeté dans la fosse aux lions avec l'objectif qu'il soit dévoré par les lions, mais chose étonnante pour le roi, Daniel jeté dans la fosse est devenu un vétérinaire des lions, c'est-à-dire tous les lions se sont retrouvés anesthésiés par l'autorité spirituelle qui était sur Daniel. Comme si cela ne suffisait pas, le même roi pouvait toujours être animé par la soi-disant domination de la royauté, cherchant à exercer une autorité sur les trois hommes : Hanania, Mischaël, Azaria (appelé Schadrac, Méschac et Abed Nego), les jetant ainsi dans la fournaise ardente, qui a été chauffé sept fois (Daniel 3).

Le roi croyait que parce qu'il était roi, il pouvait décider et dominer sur tous ceux qui sont sous sa conduite. Il se fait alors savoir que, les trois hommes n'étaient pas des animaux pour que le roi puisse les dominer. Ces hommes avaient la parole de la création, de Genèse en eux et il ne pouvait facilement s'appuyer que sur leur Dieu, celui qui est le maître de toutes dominations et autorités.

Voilà pourquoi le prophète Esaïe pouvait dire (Esaïe 9 : 5 ; 9 : 6) : "Un enfant nous est né et il fils nous est donné et la domination reposera sur son épaule". Ce qui veut dire, que la domination lui appartient. C'est ainsi qu'à tout celui qui vient auprès de lui sera communiqué la puissance.

"OU ES-TU ?" : UNE INTERROGATION AU PECHEUR

Tout celui qui s'éloigne de Dieu, cherche sa propre destruction. La mort spirituelle l'écarte du chemin de la vérité (Jean 14 : 6). Le péché est une mort spirituelle. Voilà pourquoi la Bible dit : "le salaire du péché c'est la mort" (Romain 6 : 23). Le péché apporte toujours la séparation d'avec Dieu. Le péché apparaît encore comme une barrière qui empêche Dieu à bien nous apercevoir. Dans le même récit de Genèse, nous voyons clairement que Dieu cherche Adam. Adam a péché, Dieu lui pose la question (Adam) "où es-tu ?" Dans d'autres versions (Adam) "où te caches-tu ?" (Genèse 3 : 9).

Pourquoi donc alors que Dieu, qui incarne tout pouvoir de voir même dans les abîmés, ne voie pas cet homme d'Adam ?

Le jour de la transgression de la loi Adam est devenu invisible, comme David l'indique « Ne me rejette pas de devant ta face... » (Psaume 50 : 11) en d'autres termes « n'écarte pas tes yeux de moi ». En Israël, le regard est un élément essentiel de fidélité, de confiance. Il est comme le visage tout entier, symbolisant bien aussi la pitié : « que ton visage s'illumine sur nous... », « Que ton visage s'éclaire... », « Pose sur nous ton regard... ».

Ainsi, l'homme pêcheur devient inaperçu, il perd l'Esprit de Dieu (Psaume 50 : 11), pour s'attacher au monde du péché, ce monde de la disparition de la force créatrice, celle-ci qui garde la constance de voir son créateur tout proche (comme dans la parabole du fils prodigue). De la même manière que la force d'un baobab est dans ses racines, un homme fort n'est pas celui qui peut remporter des trophées des compétitions physiques.

Un homme fort n'est pas non plus celui qui a des gardes du corps, mais en réalité, la force de tout homme, c'est de s'appuyer sur son Créateur, c'est lui qui est le maître de son souffle de vie.

Les religions ne sauvent pas. Croire en une religion est un espoir sans résultat. Dieu n'est pas dans des religions. Aujourd'hui, alors que j'entends toujours : nous nous sommes de telle ou telle religion, cela n'a aucune importance.

Dieu est irréligieux et en dehors de tout ça les hommes ont commencé à créer des doctrines et prétendent connaître Dieu. Après leurs exigences, ses adeptes ont ajouté le "isme" à leurs noms qui existaient avant.

Domination : présence de Dieu

Qu'est-ce que la vie (éternelle) ?

Pour éviter d'être éloigné avec son créateur, il nous est recommandé de faire ce qu'il nous veut ; « voici, je mets devant toi deux chemins, la vie et la mort mais, je te conseillerais de choisir la vie ». La vie, c'est ne pas simplement respirer, parce que celui qui respire par ses narines et ses poumons se fatiguera un jour, et ses organes respiratoires ne seront pas en train de fonctionner. La meilleure vie, c'est vivre éternellement, c'est vivre sans en mourir un jour. Pour définir la vie en relation avec la parole de Dieu prenons le texte de Jean 3 : 16 : « Car Dieu a tant aimé le monde qu'il a donné son fils unique afin que quiconque croit ne périsse point, mais qu'il ait la vie éternelle ». Ainsi pour dire que Dieu dans sa nature a prévu une vie éternelle or cette vie ne sera pas possible dans ce corps mortel. Tout ce que Dieu a créé à un objectif précis.

Pourquoi donc l'homme a 3 dimensions ? : Le corps, l'esprit et l'âme ? Est-ce que cela pouvait annoncer des choses ? Remarquons dans Jean 14 : 6 Jésus dit :" Je suis le chemin, la vérité et la vie". Le seul chemin. Pas de chemin en dehors de lui. Il dit "je suis la vérité", au singulier (une seule vérité), ainsi pour souligner qu'il est lui seul et enfin, il est la vie ce qui se rattache à ce qu'il a : la vie éternelle. La Bible précise que la vie éternelle n'est pas sans Jésus-Christ.

Nous pouvons donc nous interroger un peu : c'est quoi cette forme de vie qu'on appelle la vie éternelle ? La Bible dit dans Ecclésiaste 3 : 2 "Qu'il y a un temps pour toute chose, un temps de naître et un temps de mourir comme pour dire un temps d'exister et aussi un temps de disparaître" ? Oui, toute chose corruptible est appelée à disparaître.

Encore que remarque la Bible « celui qui a le fils a la vie », pour évoquer l'appréhension de l'incarnation de la vie dans Jésus-Christ. En lui n'est point la mort. La vie éternelle, c'est une vie sans fin, c'est un don de Dieu accessible uniquement en Jésus-Christ notre Seigneur (Romain 6 : 23).

La vie éternelle est un don pour ceux qui "croient" en Jésus-Christ qui est lui-même « la résurrection et la vie » ; Jean 11 : 25 et cette vie ne commence pas après la mort physique. Cette vie commence qu'a l'instant où nous mettons notre foi en Jésus-Christ. La vie éternelle, c'est la connaissance du vrai Dieu et de son fils Jésus-Christ, Jean 17 : 3 dit : « Or la vie éternelle, qu'ils te connaissent toi le vrai et le seul Dieu et celui que tu as envoyé Jésus ». Il n'y a pas la vie éternelle sans avoir la connaissance parfaite du vrai Dieu et de celui, qu'il a envoyé : Jésus. Les origines de Jésus remontent des temps anciens. Et quand on parle des temps anciens ce sont de temps de l'éternité. Là quand le soleil n'existait pas encore. (Miché 5 : 1).

Il nous est quasiment impossible de connaître Dieu sans passer par son fils Jésus (Jean 14 : 9). Il ressort que personne ne sera capable à parler du père sans parler du fils et qui donc voit le fils à automatiquement vu le père. Car comme dit le passage Jésus (fils) et le père ne font qu'un. Tout cela veut dire que si on appelle fils, c'est aussi parce qu'il a appris une forme diminutive, il s'est abaissé à la manière de l'homme, dans le corps mortel, alors que Lui n'a pas connu le péché. Comme les écritures les témoignent.

Nous prenons juste un passage de Philippiens 2 : 7 : « Mais il s'est dépouillé lui-même en prenant une forme diminutive, c'est-à-dire une forme de serviteur, en devenant semblable aux hommes et ayant paru comme un simple homme ». Tout cela pour nous rassembler pour son royaume.

Toute la Bible n'a parlé que de cette promesse. Dieu avait promis, depuis la création, qu'il viendrait lui-même pour sauver son peuple et le rassembler dans son palais de gloire : « Dites à ceux qui ont le cœur troublé voici votre Dieu il viendra lui-même et vous sauvera » (Esaïe 35 : 4). Jésus-Christ, c'est Dieu lui-même qui est venu sous une forme humaine pour sauver son peuple. Voilà pourquoi les juifs même étaient confus par ses paroles parce que pour les juifs l'existence de Jésus a commencé le jour où il est sorti dans le ventre de Marie. Ils dirent à Jésus : « ... Tu n'as pas encore cinquante ans, et tu as vu Abraham ! » (Jean 8 : 53, 57).

Une petite leçon d'histoire, entre Abraham (sa mort) et Jésus il y a pratiquement 4 siècles et demi (430 ans). Jésus, qui n'avait que 30 ans, répondit : « En vérité, en vérité, je vous dis : Avant qu'Abraham fût, je suis. » (Jean 8 : 58). Pour dire que Jésus a existé avant Abraham. Jésus a existé avant même que les cieux et la Terre ne soient formée.

Paul a révélé la parole qui dit que : Moïse et les enfants d'Israël ont bu l'eau du rocher dans le désert qui était Christ dans 1 Cor 10 : 4 « le rocher qu'ils buvaient l'eau était Christ qui les accompagner ».

La vie éternelle n'est même pas associée au nombre d'années du tout, puisqu'elle est indépendante du temps et existe à la fois dans, en dehors et au-delà du temps. Parmi les facteurs qui prouvent que vous avez la vie éternelle c'est l'effet d'abord de confesser ses péchés auprès de Dieu et reconnaître qu'il nous a envoyé un sauveur Jésus-Christ (1 Jean 5 : 11-12) « Dieu nous a donné la vie éternelle et cette vie éternelle est dans son fils Jésus-Christ tout celui qui n'a pas le fils unique de Dieu n'a pas la vie du tout ».

La vie, c'est avoir Jésus-Christ comme Seigneur et Sauveur. C'est le même principe. Même les gens qui pratiquent dans le monde des ténèbres savent que le nom de Jésus-Christ peut tout et ne disent pas de peur que leur monde soit dépeuplé. La Bible dit : « et il n'y a de salut en aucun autre ; car aussi il n'y a point d'autre nom sous le ciel, qui soit donné parmi les hommes, par lequel il nous faille être sauvés. » (Actes 4 :12).

La Bible dit encore que « la vie et la mort sont au pouvoir de ta langue ». Le choix nous est donné.

L'ETERNITE : POUR LE SPIRITUEL

Nous devons ne pas oublier une chose que l'homme a existé (Genèse 1 : 26), pour la première fois avant qu'il ne soit visible (Genèse 2 : 7) dans le jardin. L'homme avant qu'il ne soit dans le jardin, il a existé pour la première fois dans l'éternité de Dieu, c'est-à-dire dans les pensées de Dieu. Voilà pourquoi la Bible nous parle de la prédestination la Bible dit : « ceux qu'il a connu d'avance et les a aussi prédestinés » (Romain 8 : 29).

Quand quelqu'un pratique le bien c'est qu'il a été préparé depuis l'éternité. Le passage de Ephésien 2 : 10 nous révèle : « car nous sommes son ouvrage ayant été créés en Jésus-Christ pour de bonnes œuvres que Dieu a préparées d'avance, afin que nous le pratiquions ». L'apôtre Paul dit « en réalité dans l'homme c'est l'esprit, c'est l'esprit qui conduit le corps c'est l'esprit qui décide et le corps qui obéit ». De la même manière que Dieu esprit, l'homme est d'abord esprit avant d'être dans corps.

C'est quoi cette forme de déclaration que Dieu a fait en disant "en notre ressemblance qu'il domine" ? Dans Jean, nous retrouvons que Dieu est esprit il faut que ceux qui l'adorent, le fasse en esprit et en vérité. Dans la nature du ciel c'est ne pas d'abord la chair mais l'esprit qui domine, l'esprit est immatériel or tout c'est qui est immatériel n'a pas d'âge il n'y a que le matériel qui a l'âge, voilà pourquoi nous disons que l'esprit est plus vieux que le corps.

« L'homme esprit » de Genèse 1 : 26 a existé avant l'homme physique de Genèse 2 : 7. Et comme le Seigneur a tant aimé l'homme il ne pouvait que le créer à son image et sa ressemblance afin que cette dernière passe des temps d'éternités avec lui.

L'existence d'Adam n'a pas commencé dans Genèse 2 : 7 son existence a commencé dans Genèse 1 : 26 avant qu'il ne soit mis dans le jardin, il était à côté de son créateur c'est-à-dire dans l'éternité passée inconsciente et invisible avant qu'il ne soit visible autant que l'esprit ne meurt pas, autant que l'homme spirituel est éternel.

Quand nous parlons de l'homme spirituel, nous parlons de l'esprit de l'homme qui conduit son corps humain parce que, c'est l'esprit qui est le moteur et qui déplace le corps. À ce stade arrêtons de dire que l'homme n'est pas éternel. L'homme est sempiternel.

La différence entre cet homme et Dieu, qui est esprit supérieur est à situer au niveau du commencement. C'est-à-dire Dieu n'a pas de commencement et il n'a pas de fin parce qu'il a existé en dehors du temps avant qu'il n'ait créé le temps, le jour. Dieu n'est pas dans le temps mais il agit dans le temps étant donné que tout ce qui est dans le temps a obligatoirement une date d'expiration, c'est-à-dire tout c'est qui existe sous le soleil doit obligatoirement disparaître un jour.

C'est pourquoi l'Ecclésiaste dit que « tout est vanité sous le soleil », chaque chose à un début et une fin. Et l'éternité de Dieu ne se passera pas dans le temps, de peur qu'il y ait des années qu'on peut facilement compter, par exemple s'il faut compter l'âge de Dieu on croirait enfin que Dieu est déjà vieux. Banalement, Avec un visage renfrogné d'âge, avec des cheveux blancs avec une canne.

Nous précisons ici que ce Dieu n'est pas vieux, malgré toutes années qui se sont écoulé, il est le même. Les hommes viennent, grandissent et vieillissent mais lui ne change pas. La Bible précise un détail qui va au-delà de l'entendement de l'humain « il ne sommeil ni ne dort ». Chez lui il ne fait pas nuit, ni jour par ce qu'il est dans l'éternité. Le plus grand secret pour vivre éternellement c'est de vivre en dehors du soleil, c'est de vivre dans l'éternité. Il n'y a que dans l'éternité ou il n'y a pas les époques et ici en parlant de l'éternité nous vous rassurons qu'il existe deux types d'éternités :

- L'éternité consciente dans le paradis
- L'éternité consciente dans l'enfer ou la géhenne.

1.   L'ETERNITE CONSCIENTE DANS LE PARADIS

Le mot "paradis" apparaît pour la première fois dans Cantique de Cantiques 4 : 13 pour renvoyer à un jardin. Pourtant sans le communiquer au préalable le paradis revêt le sens de repos (Ap. 14 : 13), lieu de la félicité, de paix éternelle, de joie sans fin, de la béatitude éternelle.

Il peut signifier le "sein D'Abraham" (Luc 16 : 22-23). Enfin le vrai vocable remplaçant le paradis ou son synonyme c'est le "ciel". Pourquoi ? Parce qu'il n'y a qu'au ciel où il n'y a pas des problèmes, des maladies, des querelles... La Terre est remplie de souffrances et tout le monde est prédestiné un jour à quitter cette Terre, et aspiré au bonheur.

Avoir ainsi l'argent ne suffit pas, ici sur la Terre pour vivre heureux ; on peut avoir l'argent, mais jamais la paix. La paix ne vient qu'auprès du Seigneur Jésus, qui est le véritable shallom. On peut avoir un bon mariage mais les problèmes ne manqueront jamais. On peut même avoir une vie intense de prières mais les problèmes viendront toujours.

Voilà que le souhait de plusieurs est de quitter cette Terre qui nous fait tant pleurer tous les jours. On espère rejoindre le ciel pour être heureux éternellement. Ce souhait est un avis de tout homme, c'est-à-dire les bons et les méchants veulent tous un jour, aspirés à mieux vivre et éternellement. Plus grave et curieux même les sorciers le désirent aussi.

Dieu ne peut pas nous mélanger tous parce qu'il n'est pas injuste. N'est-ce pas qu'il est écrit : "c'est que l'homme aura semé, il le moissonnera". (2 Corinthiens 9 : 6). Qui sème le vent récolte la tempête. La Bible dit : "Laissez-les croître tous deux ensembles jusqu'à la moisson ; et au temps de la moisson, je dirai aux moissonneurs : Cueillez premièrement l'ivraie, et liez-la en bottes pour la brûler, mais assemblez le froment dans mon grenier." (Matthieu 13 : 30), parce tout en voulant les séparer trop tôt on risque de les confondre c'est pourquoi il faut les laisser croître. Le jour viendra où la différence sera là même au niveau de la taille. C'est là que vous saurez différencier les deux.

Ainsi Si tu sèmes le mal aujourd'hui sache que tu le récolteras toujours même dans l'éternité. Comme le dit le serment sur la montagne :

- Heureux sont ceux qui pratiquent la justice de Dieu car la vie du paradis est à eux.

- Heureux sont ceux qui ont déjà reçu Jésus-Christ comme Seigneur et Sauveur car la vie éternelle est à eux.

- Heureux sont ceux qui ne marchent pas selon mais selon l'Esprit car ils vivront la paix même après leur mort physique.

2. L'ETERNITE CONSCIENTE DANS L'ENFER

Le concept d'enfer nous renvoie au lieu du châtiment, qui a été créé spécialement pour le diable et les anges déchus. La géhenne est aussi une expression qui exprime un feu éternel c'est-à-dire un feu qui ne s'éteindra jamais.

Précisons ceci ; Dieu est partout parce qu'il est l'omniprésent il est dans l'enfer tout comme au paradis, mais il ne se manifeste pas partout de la même manière. Dans des boîtes de nuits il est là dans des lieux d'abomination il est là mais sa manifestation sera toujours différente comme lui-même a dit : "je mettrais la différence entre ceux qui me servent et ceux qui ne me servent pas".

La différence doit être là à celui qui passe des heures dans sa présence et celui qui est hors sa présence. Voilà pourquoi au paradis il se manifestera le Dieu de la grâce éternelle. Le même Dieu mais dans la géhenne il se manifeste comme le Dieu de la colère éternelle. Si les hommes de la Terre sont capables de créer des prisons afin de juger et condamner les coupables, Dieu, dans sa nature, a créé l'enfer pour le diable et ses anges. L'enfer n'est pas le souhait de Dieu.

Comment un créateur peut créer et accepter que sa créature aille dans un feu éternel. Si nous même étant des parents nous n'accepterons pas que nos enfants soient brûlés.

Voilà pourquoi il y a la rédemption par l'œuvre de la croix, pour que nous soyons épargnés de ce feu éternel. Les hommes de la Terre au lieu de choisir la vie, eux préfèrent choisir la mort. Et quiconque suit le diable préfère le feu éternel. L'Eternel est sanctifié, l'homme est l'auteur de son propre malheur. Ne préfère pas de suivre le chemin du diable car c'est un chemin de la mort.

QUE RETENIR AUX PREMIERS PAS ?

Vous allez remarquer avec moi que depuis notre marche dans ce livre nous avons précisé sur l'éternité inconsciente et consciente l'éternité inconsciente ; c'est quand l'homme vivait avec son Dieu sans avoir la connaissance ou l'intelligence de voir ses choses. Par exemple quand Dieu a dit à Jérémie "avant que je ne t'eusse formé dans le ventre de ta mère je te connaissais" mais Jérémie, à ce stade ne reconnaît pas qu'il était avec Dieu parce qu'il n'a aucun détail de l'éternité.

L'éternité consciente ; c'est quand l'intelligence et la connaissance est là. C'est pourquoi dans cette éternité nous saurons qui n'est pas avec nous et qui est avec nous tout en étant capable de prélever même les moindres détails. (Luc 16 : 19-31) On saura que tel est en enfer et tel au paradis parce que, le paradis et l'enfer sont en face, à une limite que l'on ne peut jamais traverser. En ce jour-là de l'éternité, le soleil sera roulé comme dit les écritures (Apocalypse 21 : 23).

Les jours de l'éternité n'ont pas besoin du soleil ni de la lune celle sa gloire suffit pour vivre éternellement. Car c'est le soleil est une référence pour compter les époques. Cela la raison qu'au jour de la création la Bible dit après avoir créé le soleil, il y eut un jour, il y eut un soir. Le temps est alors rattaché aula soleil. Souvenez-vous c'est qui est dit tout haut tout c'est qui est sous le soleil ne connaitra pas d'éternité en d'autres termes l'éternité est au-delà de ces jours comptés par le soleil.

La mort physique

Chaque personne a son eschaton ; c'est-à-dire la vie, telle que nous la connaissons, a une fin. La fin de l'existence du corps. Ainsi, la mort physique renvoi à : La cessation des fonctionnements du corps et la séparation de l'âme, de l'esprit du corps,

- La séparation de l'âme avec le corps,

- La fin de la vie physique, sur cette Terre,

- Quand Dieu paie à la Terre sa dette,

- La décomposition du corps et son retour dans la poussière de la Terre d'où il a été tiré.

La mort est naturelle.

Tu peux te cacher d'autres choses mais pas devant la mort. La mort est têtue. Elle ne craint pas les hommes de Dieu. Elle ne craint pas les enfants de Dieu, les rois, les princes. La mort quand elle vient, n'a pas besoin d'être corrompu par l'argent que nous possédons. La mort est inévitable comme nous avions dit tout haut. Tout ce qui est sous le soleil a un début et une fin. On ne peut vivre sous le soleil et espérer une vie sans fin dans ce corps fatiguant.

Jetons un coup d'œil dans la parole de Dieu (Ecclésiaste 8 : 8) "l'homme n'est pas le maître de son souffle de vie, l'homme n'a aucune puissance qui peut le délivrer". A ce niveau, même les plus grands magiciens, les gens qui prétendent être forts quand ils ont le souffle de vie, mais lors que la mort viendra, personne ne sera capable de résister, ni de s'en libérer. C'est ça le destin. On ne peut pas s'en échapper.

À chaque fois que nous nous retrouvons dans ce corps mortel, nous devons nous rappeler qu'un jour ce corps se fatiguera et il nous obligera son retour d'où il a été tiré. Prenons l'image d'un véhicule : plus on roule à bord, plus le moteur se fatigue.

Plusieurs pensent que la mort est quelques choses de fatal, quelque chose de malheureux. Curieusement, Il y a encore d'autres qui n'aiment pas parler de la mort de peur qu'on ne l'attire.

Les autres sont convaincus que le sort de la mort est rejeté que sur Adam, ils pensent que c'était lui qui nous a rendu un mauvais service. Comme raison évoqué que tout simplement quand l'homme est venu sur la Terre avec tout ce qu'il y a, l'homme se sent mal de se séparer de ces choses pour emprunter un autre chemin qu'il n'a pas encore maîtrisé.

Nous tous parfois ça nous arrive d'être triste de prendre même un voyage à une destination non exploitée. Il est fort et possible d'avoir trop d'amertume sur tout cela et surtout que l'homme a des informations sur le jour de sa naissance et non de sa mort. C'est un mystère qui doit déterminer nos origines.

Que les faux meurent dans leur chemin et que les vrais empruntent aussi le leur. A ce niveau c'est l'Éternel lui-même qui sait quand et où. C'est pourquoi David prie : "apprend moi à compter mes jours" (Psaume 90 : 12). David demande à Dieu quand il était dans son corps, de lui apprendre à compter ses jours, à connaître quand la mort clochera à ses oreilles. Cela pour que David reste attacher à son Seigneur et ne pas trébucher dans le mal.

Il est heureux de mourir dans le bien et non dans le mal. La mort viendra mais une chose est que cette mort nous trouve dans la justice devant Dieu.

L'IMPORTANCE DU CORPS

Le corps vous permet à maximiser et à faire plus pour gagner encore plus le cœur de Dieu par votre façon de marcher, de le servir ou de vivre.

- Le corps d'un affranchit n'est que le temple de l'Esprit du Seigneur,

- Le corps permet à l'homme de choisir entre deux chemins ; la vie ou la mort,

- Le corps est une enveloppe qui permet à l'âme de l'homme de s'exprimer,

Voilà pourquoi il vous faut une bonne santé à tout moment, afin de maximiser les biens. Car vous n'êtes pas éternel sur cette Terre. Et entre le corps et l'esprit de l'homme, c'est l'esprit qui est plus âgée que le corps. Cela s'explique par le fait que l'esprit a existé avant le corps. Dans cette logique, nous dirons que l'homme n'est pas sempiternel aussi longtemps que l'homme est dans ce corps mortel.

Prenons cette pensée que plusieurs aiment soutenir, qui ne cadre pas avec la réalité. C'est la pensée de Genèse 6 : 3 "l'Éternel dit les jours de l'homme seront de cent vingt ans". Mais quand il a dit à Adam, lui-même, Adam est mort à neuf cent trente ans alors que tous ses fils sont morts au-delà de cent vingt ans. Même, Abraham qui est venu après des siècles est mort à 175 ans.

Il y a ceux-là avec qui nous avons vécu ensemble et qui sont morts avec un âge au-delà de 120 ans. Ça se justifie parce qu'actuellement, avec des nourritures, des pollutions d'environnement, le corps de l'homme est exposé à sa destruction massive. Et cela dû aussi aux différentes technologies et des radiations thermiques excessives. Voilà pourquoi actuellement un homme de 60 ans, son corps semble être déjà fatigué.

C'est normal parce que cette vie terrestre et surtout avec ce corps, est d'une courte durée, et pour lequel on n'a pas à se glorifier.

La Bible, c'est toute une prophétie qui parle de tout. Prenons cette histoire de l'humanité, qui doit acclamer pour le Seigneur, car les 120 ans étaient la limite de la loi, c'est-à-dire, tout le peuple ne devait mourir que dans la loi or la loi ne peut jamais nous amener vers la cité céleste. La loi, c'est Moïse. La Bible le témoigne même parce que la loi est venue avec Moïse. C'est-à-dire quand vous voyez Moïse, dites-vous que c'est lui la loi et Moïse est mort (Deut. 34 : 4-7). Moïse est mort à 120 ans et avant sa mort on lui montre même Canaan, qui est l'image du royaume de Dieu. Mais on lui dit "tu n'entreras pas" alors s'accomplit la parole qui dit "tu verras de loin mais tu n'entreras pas".

Voilà pourquoi tous ceux qui lisent Moïse n'entreront pas dans le royaume parce qu'ils sont voilés, limités. Car la loi est infertile mais lorsque la grâce est venue qui est Jésus-Christ, lui-même a dit : "celui qui vient à moi à la vie éternelle", il ne vivra pas seulement 120 ans mais éternellement. Car lui-même est éternel. Les juifs n'ont pas compris son existence. Pour eux Jésus-Christ a commencé sa vie le jour où il est sorti de Marie. Il leur a dit clairement qu'avant que leur père Abraham ne soit, lui a existé.

Passons cette étape. Il existe deux qualités du corps, à ne jamais confondre :

- Le corps corruptible
- Le corps incorruptible

Le corps corruptible

Le corps corruptible est ce corps dans lequel nous sommes, un corps plein des maladies, d'angoisses, un corps qui peut facilement être touché par un cancer, un corps qui peut connaître des facturations à tout moment. Aimez ce corps c'est comme un avion qui vous a déjà transporté, maquillez-vous c'est bien, apporter la propriété à ce corps, c'est bien mais entretenez votre âme pour une vie éternelle en Jésus-Christ.

Les bonnes œuvres ne sauvent pas, c'est Jésus qui sauve. Vous pouvez être fort dans des dons mais si vous ne recevez pas Jésus-Christ comme votre Seigneur et votre sauveur, vous êtes en face d'un danger éternel.

Même si vous ne donnez pas raison à ces écrits, même plus tard vous le feriez. Et ma prière est que ça ne soit pas tard pour vous. Remarquons ce texte de hébreux 9 : 27 : "est comme il est réservé à l'homme de mourir une seule fois après quoi vient le jugement » ; ce texte doit interpeller nos consciences afin que nous fassions attention à cette vie christiale.

Le jugement de Dieu vient après la mort physique. Il est important de revenir et d'arranger avec le Seigneur quand on a encore le souffle de vie en nous. N'attends pas que tu sois sérieusement malade pour comprendre que tu es en train de partir car on ne peut pas mourir que d'une maladie.

Précisons ceci : peu importe la condition dans laquelle nous allons partir, mais nous partirons. Par accident par exemple, par empoisonnent, par incendie, par torture, par noyade, par électrocution, par opération chirurgicale... Mais nous partirons. Un homme de Dieu peut aussi mourir dans ces circonstances précitées dans le cas où sa mission a pris fin. Ce n'est pas honteux. Prenons l'exemple du sacrificateur Elie qui était mort en trébuchant et dont la nuque était endommagée. L'exemple aussi d'Étienne qui est mort, lapidé comme un lézard. En somme le questionnement n'est pas de mourir dans des bonnes conditions, mais de mourir avec le Seigneur. Car qui meurt avec lui, ressuscitera avec lui pour une vie éternelle. La résurrection physique n'apporte pas la paix, Lazare a été ressuscité physiquement, et enfin de compte il a fini par mourir encore un jour.

Page d'hommage

A nos pères ; JP MWIMBI, parti trop jeune d'après notre compréhension mais vieux pour Dieu. C'était un homme extraordinaire, il était capable de prier à genoux pendant 3 jours sans se relever. Mais il est parti et son corps décomposé.

Mzee AYIDINI, le père du réveil au Congo. Il était un homme qui a roulé le rideau de l'évangile avec des miracles palpables. Un moment son corps se fatiguait et le voilà dans sa chaise roulante. L'onction était toujours disponible mais il est mort à l'hôpital et tous les malades y étaient guéris. Mais son corps décomposé.

Papa KIMBANGU, un homme, pour qui on pouvait éteindre toutes les lumières dans sa prison, mais lui était éclairé chaque jour par une lumière surnaturelle. Mais il est mort et enterré.

Papa Alain MOLOTO, il fut un adorateur pieux. Il décède et est rentré au Père et son corps n'est plus

W. M. BRANHAM. Il pouvait reconstituer le corps d'un petit garçon tamponné dans un accident alors qu'il passait sur la même route. Il était un homme scanné, capable de détecter la maladie dans le corps de quelqu'un. Fin de tout, il est mort par accident. Son corps n'est plus.

Nous ne sommes pas plus forts que ceux qui sont mort. Si ces hommes cités ci-haut sont mort, que dire de nous autres ? Gloire soit rendue au Seigneur parce qu'ils ont affronté un bon combat et ils ont achevé leurs courses tout en gardant leur foi intacte selon qu'il est écrit.

Ce corps, que nous avons, nous permet d'évangéliser et de faire de toutes les nations des disciples du Seigneur. Nous notons ici, que les anges n'évangélisent pas, parce qu'ils sont esprits et immatériels.

La mort physique est une source de joie pour ceux qui meurent en Jésus-Christ et une tristesse pour ceux meurent dans le péché (sans Christ).

Cette mort est une victoire pour le juste persévérant la Bible dans Apocalypse 2 : 10 « Ne craint pas ce que tu vas souffrir. Voici le diable jettera quelques-uns de vous en prison, afin que vous soyez éprouvés, et vous aurez une tribulation de dix jours. Sois fidèle jusqu'à la mort, et je te donnerai la couronne de la vie ». En d'autres termes la vie éternelle est pour ceux qui peuvent se priver des certaines choses du monde. Les gens qui peuvent paraître aux yeux des autres comme de rien. Voilà pourquoi la Bible dit encore « Heureux les pauvres en esprit car le royaume des cieux est à eux ». Les pauvres en esprit ne sont pas ceux qui n'ont pas d'argent. Ne confondez pas les choses.

En effet, tout s'est lui qui ne livre pas son corps au mal, il est un pauvre en esprit et le royaume des cieux est à lui. Le corps corruptible est parfaitement adapté à notre environnement terrestre du premier homme Adam. Malgré les miracles qu'Élisée a faits de son vivant, il est mort malade et pourtant ses os ont ressuscité un mort (2 Rois13 :21).

Cela ne dépend pas de la manière dont nous allions déposer nos corps, mais tout dépend du Seigneur qui permettra qu'on dépose nos corps dans n'importe quelle circonstance. Comme lui-même nous a prédit en disant que nous soyons prêts si, lui a été persécuté jusqu'à la mort, une mort honteuse. Lui le roi qui est mort nu sans habits. Gloire lui soit rendu, à lui seul, qui n'est pas seulement mort mais a terrassé la mort et est ressuscité. Il est donc le premier né d'entre les morts. Il est l'exemple de la résurrection, l'espoir des chrétiens, la victoire qui triomphe la mort. Lui-même pouvait nous rassurer : "...ne craignez pas celui qui tue le corps, plutôt celui qui périt l'âme..." (Mathieu 10 : 28). Cette déclaration est une grande assurance. Les morts n'ont pas de mémoire car ils se reposent (Eccl. 9 : 5).

Le corps incorruptible

C'est un corps qui met en opposition notre corps terrestre, c'est un corps ressuscité, un corps glorieux, un corps plein de force, un corps spirituel ; c'est un corps qui ne connaitra pas la corruption, c'est-à-dire la détérioration, la maladie ni l'âge, ni la mort. Cela ne veut pas dire que nous serons purement esprit car les esprits n'ont pas de corps, seulement que notre corps ressuscité n'aura pas besoin de la nourriture physique pour subsister. Avec ou sans la nourriture, il vivra et ne prendra d'aucun moyen des substances naturelles.

Voilà pourquoi Jésus-Christ lui-même, lorsqu'il est ressuscité, il nous montre que sa résurrection est un enseignement profond pour confirmer l'incorruptibilité du corps. Ses blessures étaient toujours visibles et ses disciples pouvaient le toucher physiquement, mais il pouvait aussi traverser les portes et les murs et les rejoindre à tout moment.

La pesanteur n'aura pas d'effet sur ce corps. La loi de la nature ne peut rien, un corps qui ne vieillit pas ni ne grandit. Nageons dans 1 Cor. 15 : 35-58 pour comprendre que ce corps incorruptible ne peut intervenir qu'après la mort physique ou par le son de la dernière trompette. Le son de cette trompette réveillera les corruptibles incorruptibles.

Le corps incorruptible est semblable à un grain. La force du grain est dans le rejet ou, c'est quand il est mis en terre qu'il sera capable de produire des fruits.

La mort pour les chrétiens

Ce qu'il faut savoir la mort physique pour un chrétien :

- La mort physique est un sommeil (1 Thessaloniciens)

Jetons un coup d'œil dans le livre de Jean : Lazare était déjà mort et enterré. Ça faisait déjà 4 jours selon les écritures mais Jésus dit notre ami Lazare dort et nous allons le réveiller. En d'autres termes le sommeil égal à la mort et la mort pour le chrétien égale au sommeil la raison pour laquelle le premier Adam était endormi (mourir) pour sortir Eve de ses côtes.

Lorsque le second Adam est venu c'est pour tirer l'église de sa mort ou son sommeil de 3 jours et 3 nuits. C'est notre victoire.

- La mort physique c'est l'entrée dans la présence céleste de Christ 2 Cor 5 : 8, Philippiens 1 : 23-24.

- Un tremplin qui nous permet à nous reposer, et attendre le sabbat de Dieu qui est un repos éternel (Le paradis).

A savoir sur la mort ; souvent nous pleurons par rapport à la douleur qu'on peut approuver lors de la disparition de l'un de nos proches. Mais en tant que chrétiens nous ne pouvons que nous réjouir pour ceux qui meurent avec lui. C'est une fierté. La fierté d'un deuil, ce n'est pas de payer pour le disparu un cercueil de luxe en or mais c'est être certain que notre regretté soit mort dans le Seigneur.

A vous qui avez la grâce de faire du bien aux hommes, faites-le avant qu'ils ne partent. La mort physique est la victoire pour les chrétiens. Cela n'a rien à voir avec l'âge. Le problème, ce n'est pas de vivre longtemps. Le problème c'est de faire la volonté de Dieu.

À quoi vous servira-t-il de vivre longtemps et puis mourir sans faire la volonté du Seigneur ?

Quand un homme de Dieu meurt jeune c'est ne pas une malédiction comme les autres aiment philosopher.

Observons dans 2 Rois13 : 14, Élisée qui, atteint par une maladie, est mort miraculeusement. Elisée l'homme a la double portion d'onction d'Elie, l'homme qui a fait le double des miracles qu'Elie a fait de son vivant. Mort malade, mais ses os ont ressuscité un mort (2 Rois13 : 21).

Cela ne dépend pas de la manière dont nous allions déposer nos corps, mais tout dépend du Seigneur qui permettra qu'on dépose nos corps dans n'importe quelle circonstance. Comme lui-même nous a prédit en disant que nous soyons prêts si, lui a été persécuté jusqu'à la mort, une mort honteuse. Lui le roi qui est mort nu sans habits.

Gloire lui soit rendu, à lui seul, qui n'est pas seulement mort mais a terrassé la mort et est ressuscité. Il est donc le premier né d'entre les morts. Il est l'exemple de la résurrection, l'espoir des chrétiens, la victoire qui triomphe la mort. Lui-même pouvait nous rassurer : « ...ne craignez pas celui qui tue le corps, plutôt celui qui périt l'âme... » (Mathieu 10 : 28). Cette déclaration est une grande assurance.

Les morts n'ont pas de mémoire car ils se reposent (Eccl. 9 : 5).

La mort pour les païens

Brièvement un païen c'est un non croyant c'est une expression attribuée à ceux qui n'ont pas encore reçu Jésus-Christ comme seigneur et sauveur dans leur vie. Quand ils meurent ils seront jugés sur place il n'y aura pas des repos a leurs âmes comme la Bible dit dans hébreux 9 :27 "et comme il est réservé à l'homme de mourir une seule fois après quoi vient le jugement." Le jugement de Dieu pour les païens commence déjà après leur mort il n'y a pas des repos pour eux. Malheur à ceux qui meurent païens.

La mort des bébés (nouveaux nés) : même les bébés peuvent mourir il n'y a rien de démoniaque par ce que la Bible elle-même a déjà disposé la lumière aux écritures concernant la mort des nouveaux nés !

Le problème c'est ne pas l'effet de mourir mais le problème c'est l'état dans lequel on partira. En c'est qui concerne les nouveaux nés plusieurs disent qu'ils sont des anges, ils ne connaissent rien ils sont des anges faites attention ! Tout nouveau nés est considéré comme pécheur par ce qu'il n'a pas encore reçu Jésus-Christ psaumes 51 :5 dit :"je suis né dans l'iniquité et ma mère m'a conçu dans le péché, concernant la mort des nouveaux nés puisqu'ils n'ont pas de conscience ils seront jugés par la fois de ses parents. (1 Cor. 7 : 11-14)

PROPHETE, POURQUOI CHASSONS-NOUS LA MORT PHYSIQUE ?

Une question réelle, dans nos assemblées, nos réunions des prières, souvent ce sont des requêtes répétitives si, il faut qu'on le dise, dans les Bouches des prophètes l'esprit de mort est plus détecté... gloire à Jésus qui révèle des choses cachées, des choses avant qu'elles n'arrivent, lui l'éternel nous les révèle. On ne chasse pas la mort physique, on ne prie pas pour que le seigneur nous éloigne de cela dans l'objectif de rester éternellement !

Plutôt on prie et on chasse que la mort précoce !

Mort précoce : c'est une forme de mort qui vient avant son temps !

C'est une mort prématurée parce que chacun de nous a un âge limité avec lequel il vivra sur cette Terre, plein des problèmes ! Mais il se fait que le monde des ténèbres travaille aussi jour et nuit afin d'empêcher plusieurs à arriver au max de l'âge destiné par le seigneur ! Ce n'est ne pas exacte qu'une force du malin te freine la vie ! Voilà pourquoi la puissance de Dieu est là aussi, pour libérer les captifs de la mort précoce quand l'année commence, il y a toujours ce bras de fer que le diable aime faire avec les enfants de la lumière ! Pour que ces derniers ne franchissent pas une nouvelle année !

Voilà pourquoi la prière est un bon terrain de combat spirituel qui permet à tout enfant de Dieu de vaincre toute forme de morts organisée par le monde de ténèbres qui est représenté par le diable lui-même.

Le brisement

Le Brisement est aussi comme une forme de mort. Il est défini comme une façon de crucifier le corps physique par des disciplines spirituelles afin de répondre à la volonté de Dieu. C'est un travail de Dieu, dans la vie de tout celui qu'il appelle. Nul ne peut marcher avec le Seigneur sans que le Seigneur lui fasse ce grand travail du Brisement, que nous appelons une autre forme de mort. Le Seigneur déclare "... Et quiconque ne porte pas sa croix, et ne me suis pas ne peut être mon disciple" (Luc 14 : 27).

Ainsi pour dire on ne peut être disciple du Seigneur que celui qui a déjà porté sa propre croix. Précisons que ce n'est ne pas de la croix de Jésus qu'il faut porter mais sa propre croix. Qu'est-ce que cette adresse du Seigneur veut dire ?

Cette adresse veut dire que la croix représente la mort. Quand vous lisez la Bible et qu'à tout bout de champs vous constatez la présence du mot "croix", dites-vous déjà qu'il y a des rapports non négligeables de la mort. Car le symbole de la mort est donné par une croix.

Le brisement, c'est le fait de porter sa propre croix. Car porter sa croix veut dire : "faire mourir les membres du corps". La Bible dit, "...offrez vos corps comme des sacrifices vivants..." (Romain 12 : 1).

Le Seigneur nous recommande de porter chacun de nous la mort des membres de nos corps parce que personne ne peut vivre, dans ce monde physique, dans la crainte du Seigneur et l'intégrité du cœur, sans Brisement. De même que si un mort ne peut jamais aller se prostituer, ainsi est comme un chrétien qui a déjà connu le Brisement, il en est épargné.

De même que si un mort ne peut avoir une honte, quand bien même on lui enlèverait ses vêtements pour qu'il reste nu, ainsi est un chrétien qui doit tenir bon même devant la tribulation. Il ne cédera pas. C'est la raison pour laquelle le baptême est un acte d'ensevelissement et un signe de résurrection (Col. 2 : 12). S'il y a encore un taux très élevé du mal sur cette Terre, c'est parce que les gens ne veulent pas mourir, sacrifier leur corps. Les gens ne veulent pas être brisés.

Le Brisement c'est un chemin douloureux, humiliant, mais il reste le seul chemin. Que tout celui qui veut suivre le Seigneur accepte de sacrifier ses membres du corps pour lui. Chaque humiliation, que nous sommes en train d'endurer est un moyen que Dieu utilise pour nous briser, afin que la vie de Christ se manifeste davantage en nous. Nous ne ressemblons à Christ que dans sa sainteté, mais aussi dans sa souffrance.

Observons Moïse, qui voulait voir la face de l'Eternel, mais l'Éternel lui dit : personne ne peut me voir et vivre. (Exode 33 : 20). A ce niveau le Brisement devient la preuve de la rencontre avec lui. Qui peut se rencontrer avec ce Dieu sans que ce Dieu ne tue certaines choses dans sa vie ?

Le Seigneur a rencontré Saul de tarse sur son cheval, il a commencé par tuer ses yeux pendant 3 jours et 3 nuits. Au final, il a changé son nom en apôtre Paul. (Acte 9 : 8). Il a rencontré Jacob et l'a brisé la hanche et enfin il a même changé son nom en Israël. (Genèse 32 : 25, 28)

Ne prêche pas le Seigneur si tu ne t'es jamais rencontré avec lui. C'est un risque de faire le marketing (évangélisation) d'un Dieu que tu n'as jamais expérimenté.

A un certain niveau de la spiritualité, on ne doit pas écouter le Seigneur via les prophètes. À un niveau, il faut être décisif afin qu'il vous rencontre. C'est lui le fort quand il vient, c'est pour apporter un sceau de sa souveraineté.

Quel que soit notre réputation ou notre niveau spirituel, nous subirons des pressions, que Dieu peut utiliser pour nous briser (tuer). Jésus connaît Pierre, mais Pierre ne se connaissait pas. La plupart d'entre nous n'a pas la vraie opinion de lui-même. Mais Dieu nous connaît. Quand pierre disait qu'il ne pouvait renier le Seigneur, il était sincère, il était sûr, il croyait à ce qu'il disait. Mais quand la pression est venue Pierre a cédé. Quand Jésus voulait multiplier le pain, il a brisé en deux et dès que le pain est brisé, il y a possibilité de se multiplier.

Si tu veux que ta vie prenne une autre tournure dans les miracles et la production des fruits, accepte d'être brisé par lui. C'est ainsi que plusieurs seront béni de toi. Il est écrit que "celui qui veut sauver sa vie la perdre mais celui qui l'a perdu à cause de moi la retrouvera" (Mathieu 16 : 25).

Quand la bouteille de parfum d'albâtre a été brisée, l'odeur du parfum s'est répandue. Le seigneur ne nous brise pas pour nous détruire. Mais pour développer notre foi et faire sortir le meilleur qui est en nous. C'est d'ailleurs que l'évangile est donné aux morts (1 Pierre 4 : 6).

Le brisement

La mort éternelle

La mort éternelle est

- Appelée la seconde mort (Apocalypse 20 : 18)
- La séparation éternelle du perdu d'avec Dieu après le jugement dernier du trône blanc (Apocalypse 10 : 10-11)

C'est une condition qu'il faut éviter dès aujourd'hui rien que par la foi en Jésus-Christ. Cette forme de mort interviendra après le jugement dernier. Tout ce que nous faisons aujourd'hui, nous le payeront un jour. Alors s'accomplira un dicton populaire qui dit « qui sème le vent récolte la tempête ».

La mort éternelle c'est la séparation éternelle avec Dieu. Faisons attention, la mort éternelle se passera dans le feu, dans le tourment éternel selon c'est qui est écrit (Mathieu 25 : 41 ; 25 : 46, Luc 16 : 23, Apocalypse 20 : 14). Le corps vivra, l'esprit et l'âme vivront éternellement mais dans le feu.

De même qu'au paradis, il y a une vie éternelle, de même en enfer il y a une vie éternelle mais dans le feu qui n'éteindra jamais. Voilà pourquoi nous l'appelons la mort éternelle. C'est là le terminus des âmes qui pèchent. La mort éternelle ou la seconde mort c'est l'absence totale et éternelle de Dieu dans la vie de l'homme perdu. L'homme perdu est celui qui meurt dans le péché.

Aussi longtemps que l'homme n'est pas encore mort, il est possible qu'il revienne au Seigneur. C'est ainsi notre affirmation qu'il n'est pas tard de sauver son âme tant qu'on a encore la vie. La parole de Dieu rappelle : "...Si vous entendez sa voix, n'endurcissez pas votre cœur..." (Psaumes 95 : 7-8), de peur que vous ne tombiez dans une désolation éternelle.

La mort éternelle

Notion d'éternité

L'éternité est une durée qui n'a ni commencement ni fin. Dieu est Eternel mais l'homme est sempiternel. La Terre est une cuisine dans laquelle l'homme prépare son éternité. Chacun est libre de faire des sauces qu'il veut mais le rendez-vous après la cuisine. La Terre est un terrain de préparation de l'éternité et l'éternité n'est préparée que sur la Terre. Tout homme est un pèlerin sur la Terre est chacun de nous a au moins. Un délai de sa vie et seul Dieu sait. Ne te sers pas de cette vie en s'appuyant sur les œuvres des ténèbres car tu regretteras plus tard. En enfer, il y a la vie éternelle ainsi qu'au paradis. Mais la vie éternelle dans l'enfer est une vie dans un feu éternel. Roucoulons ainsi : la vie, ce n'est pas seulement le fait de respirer, même un mort peu respirer, comme nous l'avons démontré avec la mort spirituelle.

La vie : c'est avoir Christ dans sa vie comme Seigneur et sauveur. Quiconque a Christ, a la vie et quiconque ne l'a pas mérité la mort. Voilà pourquoi nous l'appelons mort éternelle. Christ sera absent dans leur vie éternellement. Il a dit, dans sa parole : "je suis le chemin, la vérité et la vie" (Jean 14 : 6). Jésus est la vie pour quiconque meurt avec lui. Jésus est l'exemple de la vie après la mort parce que, lui-même est revenu quand bien même il était mort nu sur la croix. En enfer, il n'y aura pas l'eau (Jean 16 : 24), pas de repos (Mathieu 25 : 46), on se trouve coincer dans une limite de l'abîme ; aucun moyen de s'en échapper.

Les bonnes œuvres ne sauvent pas. Les bonnes œuvres ne t'épargneront pas du feu éternel (enfer ou géhenne). Faire des dons aux orphelins ne suffit pas, être loyal ne suffit pas. Le plus important c'est de recevoir Jésus-Christ comme Seigneur et sauveur de ton âme. Le recevoir c'est simple tu peux croire dans ton cœur, confesser par ta bouche et accepter d'être baptisé au nom de Jésus-Christ et enfin tu peux chercher une église d'attache la plus proche.

Où vont les gens après la mort ?

Nous rappelons expressément ici encore que notre lumière c'est la parole de Dieu. Dieu est dans sa parole. Nous n'allons pas nous imaginer des choses. Nous devons, pour cela avoir cette obligation de ne marcher qu'avec sa parole.

QU'EST-CE QUE LA PAROLE DE DIEU DIT AUX SUJETS DES MORTS ?

De prime abord nous devons savoir que les païens ne peuvent pas aller dans un même lieu avec les chrétiens. Avant Golgotha (croix, ou mort de Jésus).

LE SEJOUR DES MORTS (SHEOL)

Le terme "Shéol" vient de l'hébreu (שארל shéol), qui signifie un endroit qui recueillait toutes les âmes, les justes et les injustes. Tous s'y retrouvaient. Le shéol est dans cette traduction hébraïque "le séjour de mort" (Job 3 : 13-18).

Il a un équivalent Ἀδης (haïdês) ou Hadès qui, tous deux ne renferment ni l'idée de plaisir ni idée de douleur. Hadès lui est correspondant à la région inférieure. En ce lieu, c'est la puissance de la mort qui dominait et c'est à l'inferieur de la Terre.

Dans 1 Sam 28 : 11, la femme qui évoquait les morts pouvait le faire et un prophète qui était décédé, le prophète Samuel, un homme puissant qui apparaît dans le radar de la sorcière. Cela explique simplement que le séjour de mort est une prison pour quiconque mort à cette période. A ce niveau, nul n'était épargné à l'exception de la sainteté. Voilà pourquoi Elie pouvait être enlevé au-dessus de nos têtes afin d'échapper à la puissance du séjour de mort (2 Roi 2 : 11).

Moïse ne pouvait être enterré par Dieu lui-même. Personne, jusqu'à aujourd'hui, ne connaît le lieu de sa tombe (Deutéronome 34 : 5-6). Enoch fut enlever après avoir marché longtemps avec le Seigneur et le Seigneur était jaloux de le voir dans le séjour des morts (Genèse 5 : 24).

Dans le shéol, il n'y avait pas de distinction. Et là c'est le diable qui était le gouvernement. Ainsi pour rappeler qu'à sa chute il était descendu avec la clé de la mort entre ses mains. C'est pourquoi toute l'humanité était sous le règne de sa domination.

Ce lieu du shéol était comme un aimant. Il pouvait retenir tout le monde. Mais gloire soit rendue au Seigneur, qui par sa descente au shéol, après être mort à la croix, il ressuscite après 3 jours et a ramené, avec lui, tous les corps des saints. Il les a ramenés dans le paradis pour faire la différence entre les justes et les injustes. Car il est écrit l'âme qui péché c'est celle qui mourra (Ezéchiel 8 : 4). Le shéol se trouvait aux lieux inférieurs de la terre, comme nous a renvoyé le terme Grec.

OU RESIDE L'AME DANS UN CORPS HUMAIN ?

Les saintes écritures sont le vrai parchemin de la vie. Lévitique 17 : 11 ; « Car l'âme est dans le sang ». Raison pour laquelle il y a disparition du sang à chaque fois qu'on parle de la mort physique. Cela nous laisse à croire que l'âme ne meurt pas elle a un endroit bien déterminé pour sa paix éternelle ou le châtiment éternel. Précisons ici que toutes les âmes n'iront pas à un seul lieu.

QUAND EST-IL DES AMES DE CHRETIENS ?

Elles ont un endroit appelé ; « Le paradis ». Le Paradis selon le Chrétien : Est aussi appelé jardin d'éden et représente souvent le lieu où les humains seront consolés de leur foi.

LA VICTOIRE DU SEIGNEUR JESUS-CHRIST

Après Golgotha, Jésus est venu nous délivrer de la prison. Le shéol est une prison qui avait le pouvoir sur les justes et les injustes. Cependant le Seigneur déclare à Pierre, qui représente l'Eglise ou l'épouse du Seigneur :"...les portes du séjour des morts ne prendront point de l'avantage sur elle". (Mathieu 16 : 18).

Jésus est merveilleux, il nous a donné le pouvoir de dominer même le séjour des morts. Quand un chrétien meurt, il ne descend plus comme tout le monde au séjour des morts. La victoire a été annoncée par notre Seigneur Jésus-Christ et notre modèle, le victorieux de la mort. L'aiguillon de la mort n'aura plus d'impact sur nous. L'aiguillon de la mort qui est le shéol.

La mort du chrétien le conduit tout droit vers le Paradis. Jésus a dit au brigand qui était avec lui à Golgotha, parce que ce dernier l'avait reconnu comme le messie, le juste : "en vérité en vérité je te le dis, tu seras avec moi aujourd'hui dans le Paradis" (Luc 23 : 43). Et dans la même soirée Jésus est mort et est descendu dans le shéol pour prêcher aux morts (1 Pierre 3 : 19)

- **Le Paradis**

Comme nous l'avons ci-haut dit et démontré le paradis c'est une métaphore se rapporte au repos, de la félicité, de la béatitude, etc. Il peut sous-entendre aussi le royaume de Dieu, le règne et la protection de Dieu.

Sur le plan doctrinal, le paradis c'est l'image du jardin que l'éternel avait planté en Eden et y placé l'homme. Remarquons ici que c'est l'homme lui-même qui avait abusé du paradis de Dieu, jusqu'à c'est qu'il y soit chassé. Le paradis peut aussi signifier le sain d'Abraham Luc 16. Un langage de Dieu et une promesse dans laquelle lui-même exprime son amour envers sa créature. En définitive, le paradis c'est le Seigneur Jésus-Christ lui-même.

Tout celui qui à Jésus, a le paradis. Jésus lui-même dit dans Matthieu 11 : 28 "venez à moi vous tous qui êtes fatigué et chargé je vous donnerai du repos." Ainsi pour faire allusion au Paradis. Nous continuons en disant qu'à celui qui veut vivre le paradis accepte Jésus-Christ comme son Seigneur et sauveur personnel de son âme.

Aspect prophétique de la mort

MORT : LE SOMMEIL CHRETIEN

La mort est synonyme du sommeil (Jean 11 : 11). Dans ce récit, Lazare qui était mort et enterré il y a 4 jours, n'étonne pas à Jésus qui lui-même prend la parole et dit : "Lazare dort". Nous croyons en lui. Tout comme Jésus l'a dit à ceux qui était lors de la mort de la fille d'un chef de Synagogue : (Matthieu 9 :29) "Retirez-vous, car la jeune fille n'est pas morte, mais elle dort. Et ils se riaient de lui." Ceux qui ne sont pas spirituellement diront bien que c'est de la folie, que c'est impossible.

La mort pour le chrétien est un profond sommeil, un repos profond (1 Thes. 4 : 13).

LES MORTS ENTENDENT LEUR MAITRE

Même si le corps sera décomposé, le Seigneur laisse toujours opérationnel la capacité d'écouter sa voix. La Bible dit que : L'heure vient là où les morts entendront la voix du Seigneur et ils sortiront de leurs tombeaux (Jean 5 : 25). Les morts en Christ dorment dans leurs tombeaux tout en attendant le son de la trompette de Dieu à la voix de l'archange de Dieu pour qu'ils ressuscitent pour la Nouvelle Jérusalem.

1 Thessaloniciens 4 : 15 nous allons remarquer que nous qui sommes vivants, nous ne devancerons pas ceux qui sont morts dans le Royaume. Nous tous, à un clin d'œil, serons transformé. Les morts ressusciteront Premièrement, et porterons les corps incorruptibles qui leurs permettront à ne pas connaître la loi de la pesanteur. Ceux

qui sont morts en Christ ressusciteront parce qu'ils entendront sa voix. C'est ici le destin et la merveille de Dieu.

Alors s'accomplira la parole qui dit : "Mes brebis écoutent ma voix, et moi je les connais, et elles me suivent, » (Jean 10 :27). Car il n'y a donc que ses brebis qui peuvent avoir la capacité d'entendre sa voix comme Lazare est sorti incorruptible de la mort qui a englouti le corps corruptible. La condition est que si seulement dans cette vie nous espérons au Seigneur.

Nous sommes les hommes les plus malheureux, notre espoir n'est pas dans cette courte vie. Notre espoir, c'est de vivre avec notre créateur d'éternité en éternité.

Si nous avions quitté nos familles pour nous marier avec nos conjoints, c'est pour quelques années seulement. Le mieux c'est rester à côté du Seigneur pour ne jamais avoir des problèmes et pour mériter une vie glorieuse et éternelle.

Les fausses doctrines

Les fausses doctrines réincarnation et le purgatoire enseignées aux hommes. Nous les appelons fausses doctrines, non pas par leur thèse, mais du fait que toutes ces croyances n'ont pas des bases bibliques ou les bases des saintes écritures.

LA REINCARNATION

C'est la croyance supposée que l'esprit de l'homme et/ou l'âme passe d'un homme à un autre, ou celui-ci renaît dans une autre vie. Certaines personnes vont jusqu'à suggérer une transmigration des âmes, qui implique le passage de l'âme d'une forme de vie à une autre.

C'est une fausse doctrine qui ne tient pas debout parce que si la réincarnation était réelle tous les hommes devaient avoir un souvenir et une mémoire de leur incarnation.

LE PURGATOIRE.

Les gens qui ne sont totalement méchants, ni totalement justes vont aller au purgatoire pour affliger l'âme. Cela afin de racheter leurs péchés non-confessé tel décrit dans l'histoire de Lazare et du riche.

En réalité, cette doctrine est fondée sur les livres non-canoniques (2 Maccabées 12 : 42-45). Avec cette doctrine, le sacrifice de Jésus-Christ perd son ampleur pour être remplacé par le purgatoire sans fondement biblique.

Le tout est accompli de la croix et cette théorie tombe caduque (Jean19 : 30). Il ne faut jamais prendre ce risque d'attendre la fin de votre vie et lorsque votre corps sera dans le cercueil et espérer la prière d'intercession d'un frère ou une sœur pour la délivrance de votre âme. Le frère lui-même a des cas que sa prière n'a pas encore déclenché. Croyez-vous qu'il sera capable de vous libérer ? Il est important de faire mieux quand on respire encore.

MOURIR AVEC LE CHRIST

Le plus grand mystère de l'humanité est caché dans la mort et résurrection de Jésus- Christ. À la croix, en prenant notre nature pécheresse ; en sa mort il nous contenait tous d'une certaine manière (2 Corinthiens 5 : 14) pourtant, il faut que cette mort devienne une réalité quotidienne effective aux péchés : c'est le sens du baptême, la mort du vieil homme. Nous sommes ensevelis avec lui dans sa mort.

Désormais, nous sommes des morts dont la vie est cachée en Dieu avec le christ (Colossiens 3 : 3). En Jésus-Christ, nous mourons au péché, au vieil homme, à la chair, à la loi, à toute vanité du monde. Cette mort avec le christ est donc, en réalité, une mort à la mort. Car Jésus-Christ dit : celui qui écoute ma parole, et qui croit à celui qui m'a envoyé, a la vie éternelle et ne vient point en jugement, mais il est passé de la mort à la vie. (Jean 5 : 24), celui qui croit en lui n'a rien à craindre de la mort ; faut-il mort, il vivra (Jean 11 : 25) Tel est l'enjeu de la foi. Mais au contraire, celui qui ne croit pas, mourra dans ses péchés (Jean 8 : 21-24)

En effet, bien que l'humanité soit aux prises de la mort. Jésus-Christ nous rassure en disant : celui qui garde ma parole ne verra jamais la mort (Jean 8 : 51).

Annexe

EXPRESSION DE L'AME

« L'âme qui pêche est celle qui passera son éternité dans le feu éternel. »

« L'âme est immortelle »

« L'état de ton âme détermine où tu passeras ton éternité »

« Le paradis n'est que la maison véritable de l'âme »

« Heureux ceux qui ont accepté Jésus-Christ comme Seigneur et Sauveur car leurs âmes seront dans une paix éternelle

« L'âme, c'est l'identité réelle de l'homme »

« Bénie soit l'âme du juste car le paradis est à elle »

EXPRESSION DU CORPS

« Le corps humain n'est qu'une chemise qui cache l'âme. »

« Le corps humain devient glorieux que lorsque qu'il accomplit la volonté de son créateur »

« Heureux ceux qui sacrifient leur corps dès leur vivant pour la gloire du Seigneur car ils récolteront la paix à leurs âmes »

« Béni soit tout celui qui porte un corps humain car le chemin de la vie (Paradis) et de la mort (enfer) sont à sa disposition, c'est à lui de choisir. »

« Celui qui est dans un corps est capable de gagner le cœur de Dieu car on ne peut gagner ce cœur que lorsque qu'on est vivant et agissant pour sa gloire »

« Le corps humain d'un affranchit n'est que le temple du Saint Esprit »

« Le corps humain fait la force de l'esprit car un esprit sans corps est faible et inaperçu. »

« Le corps humain est l'unique moyen qui nous permet à témoigner de l'amour pour Christ car la mort physique est un jugement automatique de l'âme, l'esprit et le corps. L'état dans lequel vous mourrez est celui qui vous jugera »

« Le corps humain d'un affranchit est capable de gagner les âmes »

« L'agissement d'un corps humain est le résultat de l'état de l'âme »

LE CHRIST QUI MEURT ?

C'est une question qui ne peut être répondu que par les écritures. Ecoutons Jean Baptiste, dans Jean 1 : 29, il présente Jésus en qualité d'un agneau.

Pour les amoureux des saintes écritures, ils constateront et seront tiquer par cette présentation sacrificatoire. Exode 12 : 4, la condition de la consommation de cet agneau doit se faire en deux étapes la première étape en famille et au cas où la famille est trop peu nombreuse de prendre l'agneau, on le prendra avec son plus proche voisin tel est la deuxième étape.

L'AGNEAU SACRIFIE

Lévitique 14 : 13, l'agneau doit être égorgé et son sang servira d'expiation. Donc la première dimension de la mort de Christ était au niveau de la présentation en qualité de l'agneau, Jean Baptiste était un sacrificateur car il est né dans cette classe- là. Il précise « qui hôte ». Tous les autres agneaux étaient incapables à cause de leur nature animale. Le Christ qui est présenté en forme d'agneau, les hommes charnels voient un homme à deux pieds et les spirituels voient qu'il marche à 4 pattes.

Tout agneau sans défaut a droit à passer à l'autel est Golgotha était un autel mais très mal réputé parce que c'était en dehors du camp. Tout ce qui était en dehors du camp d'Israël était considéré comme impur ou souillé. Est-ce que le Christ peut être tué par des créatures qui sont les hommes ?

Il est vrai qu'il devrait monter sur l'autel de Golgotha mais une créature n'a la capacité de tuer son créateur. C'est ne sont pas les hommes qui l'ont tué, il s'est livré lui-même à cause de l'amour pour nous. Remarquons : Matthieu 26 : 26, il partage son corps et son sang avant qu'on le mette à l'autel de Golgotha. Lui-même a donné le pain et il dit ceci est mon corps. Et puis le vin il dit ceci est mon sang. Or l'âme est dans le sang c'est-à-dire il a fait boire son sang avant qu'il ne soit mis en dehors du camp. Pendant qu'il leur donné ils étaient à 12 c'est la représentation de douze tribus d'Israël qui est une famille qui a mangé en premier l'agneau et l'écriture précise si la famille est trop peu nombreuse, elle peut partager avec le voisin le plus proche et dans Lévitique 4, on précise Lévitique 4, le reste sera brûlé en-dehors du camp.

Donc lorsqu'ils ont mangé ils ne l'on pas contenu. Car Christ était un agneau de toute l'humanité pas seulement pour une famille. Et dans Matthieu 27 il est mis sur la croix.

Et selon les écritures, c'était le jour avant le sabbat et ils ont précipité pour le faire descendre de la croix avant le sabbat est c'est clair pour tout amoureux des saintes écritures. Il a été mis vendredi à la croix par ce que le sabbat était samedi.

Un jour égal 24 heures du vendredi au dimanche c'est une marche de deux jours. Or la prophétie parle de 3 jours de mort. C'est-à-dire il s'était déjà tué le jeudi dans la chambre lorsque qu'il était devant les douze.

La Bible dit il y n'a pas un plus grand amour que de donner sa vie pour les autres. A cause de l'amour il a partagé son âme Galate 2 : 20 : « ce n'est plus moi qui vis mais c'est Christ qui vit en moi ». Les disciples ont bu le sang qui représente son âme. Voilà pourquoi le Christ à la croix rendit l'esprit or c'est lui qui meurt rend l'âme. Mais lui l'agneau à la croix il dit : « père je remets mon esprit entre tes mains... ». La mort de Jésus-Christ est une victoire pour les chrétiens.

Il a fallu qu'il meure pour assurer notre voyage de l'âme. Arrangeons nos vies avant que la mort physique ne vienne.

Motivation de la vie

Nous n'avons pas fait une convention avec Dieu, pour qu'il nous garde jusqu'à la vieillesse.

Nous ne sommes pas obligés de vieillir tous.

Si christ lui-même, n'a pas été retenu dans le tombeau, a combien plus forte raison nous qui l'avions reçu comme notre seigneur et notre sauveur.

Souvent les bonnes personnes pour nous ne vieillissent, ils partent (meurent) à cause de la jalousie de leur Dieu.

Le plus fort d'aujourd'hui, finira sa course demain dans un tombeau; isolé, noir sans provision ni richesse. Seul le seigneur est l'espérance d'une heureuse vie après la mort.

Quelque soit la beauté du corps, il finira par se décomposer un jour.

Ton défaut, c'est quand tu penses que tu ne peux pas mourir maintenant au moins que tu vieillisses! Vieillir est une grâce sur la grâce.

Un mort en christ est plus à l'aise qu'un païen vivant.

Vivre ne fait pas de toi champion du monde.

Tu n'es que pèlerin. Tu as l'information du jour de ta naissance, mais jamais de ton départ.

Motivation de la vie

Références bibliques citées

Romain 8 : 29
Romain 12 :1
Psaume 90 : 12
Psaume 50 : 11
Psaume 119 : 105
Philippiens 2 : 7
Matthieu 9 : 29
Matthieu 11 : 28
Mathieu 25 : 41 ; 25 :
Mathieu 16 : 18
Luc 23 : 43
Luc 16 : 22-23
Luc 14 : 27
Job 3 : 13-18
Jean 11 : 25
Jean 11 : 11
Hébreux 9 : 27
Genèse 6 : 3
Genèse 5 : 24
Genèse 3 : 9 -7
Genèse 2 : 17
Genèse 1 : 2
Ezéchiel 8 : 4
Exode 33 : 20

Romain 6 : 23 46
Psaumes 95 : 7-8
Psaume 8 : 5-6
Psaume 146 : 3-4
Proverbe 8 : 36
Miché 5 : 1
Matthieu 13 : 30
Mathieu 25 : 46
Mathieu 16 :25
Mathieu 10 : 28
Luc 16 : 23
Luc 16 : 19-31
Job 34 : 15
Jérémie 1 : 5
Jean 11 : 25
Jean 10 : 27
Hébreux 9 : 27
Genèse 5 : 5
Genèse 32 : 25, 28
Genèse 2 : 7
Genèse 1 : 26
Galates 3 : 28
Ezéchiel 47 : 1-5
Essaie 6 : 1

Esaïe 9 : 5 ; 9 : 6   Esaïe 35 : 4
Ephésien 6 : 14   Ephésien 2 : 10
Ecclésiaste 9 : 5   Ecclésiaste 8 : 8
Ecclésiaste 3 : 20   Ecclésiaste 3 : 2
Deutéronome 34 : 5 – 6   Deutéronome 34 : 4
Deutéronome 28 : 1   Daniel 6
Daniel 3   Colossiens 3 : 3
Colossiens 2 : 12   Cantique de Cantiques 4 : 13
Apocalypse 3 : 17- 17   Apocalypse 21 : 23
Apocalypse 20 : 18   Apocalypse 20 : 14
Apocalypse 14 : 13   Apocalypse 12 : 7
Apocalypse 10 : 10-11   Actes 4 : 12
Acte 9 : 8   2 Timothée 3 : 16
2 Rois 13 : 21   2 Roi 2 : 11
2 Maccabées 12 : 42-45   2 Corinthiens 9 : 6
2 Corinthien 5 : 14   1 Thessalonicien 4 : 15
1 Thessalonicien 4 : 13   1 Samuel 28 : 11
1 Pierre 4 : 6   1 Pierre 3 : 19
1 Jean 5 : 11-12   1 Corinthiens 10 : 4
1 Corinthiens 7 : 11-14   1 Cor. 14 :
Jean 8 : 58   Jean 8 : 53, 57
Jean 8 : 51   Jean 8 : 21-24
Jean 5 : 25   Jean 5 : 24
Jean 3 : 16   Jean 19 : 30
Jean 17 : 3   Jean 16 : 24
Jean 15 : 7   Jean 14 : 9
Jean 14 : 6
Jean 14 : 6
Jean 14 : 6

Table des matières

I want morebooks!

Buy your books fast and straightforward online - at one of world's fastest growing online book stores! Environmentally sound due to Print-on-Demand technologies.

Buy your books online at
www.morebooks.shop

Achetez vos livres en ligne, vite et bien, sur l'une des librairies en ligne les plus performantes au monde!
En protégeant nos ressources et notre environnement grâce à l'impression à la demande.

La librairie en ligne pour acheter plus vite
www.morebooks.shop

MIX
Papier aus verantwortungsvollen Quellen
Paper from responsible sources
FSC® C105338
FSC
www.fsc.org